AF357889

CATALOGUE

DE

MEUBLES ANCIENS

Des époques de la Renaissance, Louis XIV, Louis XV et Louis XVI

BOIS SCULPTÉS

Bibliothèque style Louis XVI

BRONZES D'ART ET D'AMEUBLEMENT

Emaux cloisonnés, Cuivres

Fers, Étains, Porcelaines, Faïences, Armes, Terres cuites

BELLES ÉTOFFES ANCIENNES

TAPIS DE PERSE

Tableaux anciens, Peintures décoratives, Pastels, Dessins
Gravures

DONT LA VENTE AUX ENCHÈRES PUBLIQUES AURA LIEU

HOTEL DROUOT, SALLE N° 4

Le Lundi 17 Novembre 1890

A DEUX HEURES

Mᵉ G. DUCHESNE	M. A. BLOCHE
COMMISSAIRE-PRISEUR	EXPERT
Successeur de Mᵉ ESCRIBE	Près la Cour d'Appel
Rue de Hanovre, n° 6	Rue de Châteaudun, n° 25

EXPOSITION PUBLIQUE

Le Dimanche 16 Novembre 1890, de 1 heure 1/2 à 5 heures 1/2

PARIS — 1890

IMPRIMERIE MAULDE et RENOU

A. MAULDE & Cie

IMPRIMEURS DE LA COMPAGNIE DES COMMISSAIRES-PRISEURS

Rue de Rivoli, 144

CATALOGUE

DE

MEUBLES ANCIENS

Des époques de la Renaissance, Louis XIV, Lonis XV et Louis XVI

BOIS SCULPTÉS

Bibliothèque style Louis XVI

BRONZES D'ART ET D'AMEUBLEMENT

Émaux cloisonnés, Cuivres

Fers, Étains, Porcelaines, Faïences, Armes, Terres cuites

BELLES ÉTOFFES ANCIENNES

TAPIS DE PERSE

Tableaux anciens, Peintures décoratives, Pastels, Dessins
Gravures

DONT LA VENTE AUX ENCHÈRES PUBLIQUES AURA LIEU

HOTEL DROUOT, SALLE N° 4

Le Lundi 17 Novembre 1890

A DEUX HEURES

Mᵉ G. DUCHESNE	**M. A. BLOCHE**
COMMISSAIRE-PRISEUR	EXPERT
Successeur de Mᵉ ESCRIBE	Près la Cour d'Appel
Rue de Hanovre, n° 6	Rue de Châteaudun, n° 25

EXPOSITION PUBLIQUE

Le Dimanche 16 Novembre 1890, de 1 heure 1/2 à 5 heures 1/2

PARIS — 1890

CONDITIONS DE LA VENTE

—

Elle sera faite au comptant.

Les Acquéreurs paieront, en sus du prix des adjudi-cations, CINQ CENTIMES PAR FRANC, applicables aux frais.

Aucune réclamation ne sera admise une fois l'adjudi-cation prononcée.

A. MAULDE et Cⁱᵉ, imprimeurs de la Compagnie des Commissaires-Priseurs,
rue de Rivoli, 144.   000—10073

DÉSIGNATION

TERRES CUITES, BRONZES, CUIVRES FERS, ÉTAINS, ÉMAUX CLOISONNÉS ANCIENS MINIATURES, PORCELAINES, FAIENCES

1 — Très beau Groupe en bronze, patine verte, représentant l'*Enfant au perroquet*, d'après PIGALLE.

2 — Paire de jolies Girandoles, style Louis XVI, à trois lumières, formées de pattes de lion, sur socle triangulaire.

3 — Paire de beaux Bras d'appliques à cariatides de femmes, en bronze doré, à deux lumières, style Louis XVI.

4 — Petit Cartel forme lyre, en bronze finement ciselé et doré, style Louis XVI.

5 — Paire de Bras d'appliques à deux lumières, en bronze doré, formées par des cariatides d'hommes et de femmes, style Louis XIV.

6 — Statuette en bronze, patiné vert foncé, *la Bac-chante*, d'après MARIN.

7 — Grande Plaque en émail de Limoges, encadrée.

8 — Groupe en faïence de Saint-Clément, représentant *Percée*.

9 — Groupe en faïence de Saint-Clément : *la Leçon de flûte*.

10 — Quatre Médaillons, fond jaune, représentant des scènes, d'après WOUWERMAN, en porcelaine de Saxe.

11 — Paire de belles Girandoles, de style Louis XV, avec figurines en porcelaine de Saxe, montées à cinq lumières.

12 — Deux Figurines allégoriques des *Saisons*, en porcelaine de Saxe.

13 — Quatre Miniatures dans un même cadre : *Portraits de la famille Bonaparte* (Premier Empire).

14 — Deux Chenets, style Louis XIV, à figures de sphinx, en bronze doré.

15 — Paire de Candélabres en bronze, à figures de femmes portant trois lumières, style Empire.

16 — Figurine en bronze : *Baigneuse*, d'après FALCONNET.

17 — Deux Bustes en bronze : *Voltaire et J.-J. Rousseau*, sur socle en marbre bleu turquin garnis de cuivre.

18 — Deux Lions en bronze.

19 — Deux Statuettes d'Enfants en bronze.

20 — Chaudron à trois pieds avec couvercle en métal de cloche.

21 — Autre Chaudron plus petit.

22-24 — Trois anciennes Haches de sapeur avec hampes.

25 — Épée à deux mains.

26 — Deux Brocs à couvercles en étain.

27 — Pot à bec et à couvercle, en étain, décoré d'un écusson.

28 — Coffret en cuivre gravé, de travail persan, décor à personnages.

29 — Jardinière ovale quadrilobée en émail cloisonné, décor polychrome sur fond blanc.

30 — Deux paires de Bras d'applique pour cierges, en fer et cuivre.

31 — Deux Statuettes d'applique : Roi et Reine, en cuivre, dessin en relief.

32 — Deux petits Vases en cuivre niellé, décor chinois.

33 — Deux petits Mortiers en bronze avec leur pilon, un Mortier en fonte.

34 — Une Cloche en bronze.

35 — Deux Flambeaux et une Croix d'autel en cuivre.

36 — Deux Flambeaux en métal argenté.

37-40 — Quatre Mouvements d'horloges Louis XIV.

41 — Deux Poires à poudre en corne, garnies en cuivre.

42-45 — Douze Pièces en cuivre : Lanternes, Corbeilles, Couronnes, Boîte à encens, Ornements et Fragments divers.

46 — Suspension d'église en cuivre repoussé et argenté, garnie de chaînettes et ornée de Cariatides d'anges.

47-49 — Trois autres Suspensions en cuivre argenté.

50 — Un Mortier en fonte.

51 — Poignées et Entrées de serrures en bronze Louis XV.

52 — Petit Buste de Femme en bronze sur socle garni de cuivre.

53 — Une Fontaine à main avec bassin en cuivre rouge.

54 — Trois Clefs anciennes.

55 — Deux Flambeaux en cuivre.

56 — Plat à barbe en cuivre argenté, Louis XV.

57 — Quatre Plats en étain.

58 — Deux Landiers et deux Chenets en fonte.

59 — Cadran solaire en ardoise décoré de fleurs de lys et de sujets de chasse.

60 — Buste de jeune Fille, en terre cuite. Signé Paul Duboy.

61 — Buste en terre cuite : *Jeune Fille coiffée d'un Béret*. Signé Léon Davray, 1887.

62 — Petit Monument en terre cuite, parties ajourées et rehaussées de peintures, décor en relief.

63 — Dix Pièces : Cuvette, Soupières, Seaux, Bouquetière, Verrière, Jardinière, Cornets en faïence et psrcelaine décorées.

MEUBLES, SIÈGES, BOIS SCULPTÉS

64 —. Belle Armoire flamande en palissandre et noyer, à deux portes et à tiroirs (Travail de la Renaissance). — Elle renferme un Coffre-Fort en fer fabriqué par la Maison Fichet.

65 — Bibliothèque à hauteur d'appui en bois noir sculpté, style Louis XVI. Au milieu une niche garnie de velours, un vantail vitré de chaque côté.

66 — Cabinet en ébène incrusté d'ivoire; il ouvre à un abattant.

67 — Autre Cabinet de même travail, ouvrant à deux vantaux.

68 — Coffre ancien en velours rouge garni de poignées et ferrures en fer avec vestiges de dorure.

69 — Deux Consoles-Supports en bois sculpté et doré du temps de Louis XIV.

70 — Deux Consoles-Supports en bois sculpté et doré, style Renaissance, modèle à Chimères terminées en rinceaux.

71 — Deux Consoles-Supports en bois sculpté noir et or, modèle à Dragons.

72 — Commode du temps de Louis XV.

73 — Meuble en palissandre à deux vantaux grillagés. Époque Louis XV.

74 — Secrétaire en acajou garni de cuivre. Epoque Louis XVI.

75 — Secrétaire en noyer garni de cuivre. Époque Louis XVI.

76 — Commode Louis XV en palissandre ornée de bronzes, dessus en marbre.

77 — Commode Louis XVI et acajou à trois tiroirs à poignées de cuivre, dessus en marbre noir.

78 — Petit Meuble d'encoignure en palissandre et bois noir orné de bronzes. Époque Louis XVI.

79 — Panneau de meuble en bois sculpté orné de Cariatides de Femmes, Feuilles et Ornements.

80 — Chaise percée Lous XV en bois sculpté, à dossier canné.

81 — Fauteuil en chêne recouvert en velours et tapisserie.

82 — Bois de Fauteuil laqué, Louis XV.

83 — Table en chêne, dessus en drap vert.

84 — Fauteuil Louis XVI, en bois sculpté peint en noir recouvert en tapisserie.

85 — Deux Bois de Fauteuil Louis XVI.

86 — Chaise en bois laqué recouverte en velours rouge. Époque Louis XVI.

87 — Petite Banquette en noyer recouverte en tapisserie.

88 — Tabouret en noyer, recouvert en velours bleu à franges.

89 — Banquette recouverte en tapisserie.

90 — Deux Cadres anciens en bois sculpté et doré, dont un Louis XIV.

91 — Baromètre en bois sculpté, parties dorées, époque Louis XV.

92 — Trois Panneaux gothiques en bois sculpté à jour.

93 — Deux Montants en bois sculpté et peint, à rosaces et chutes.

95 — Baromètre en bois peint et sculpté. Époque Louis XVI.

96-97 — Quinze Pièc s en bois sculpté : Colonnettes, Oiseaux, Cadres, Damier et Ornements divers.

98-107 — Quatre-vingt-dix-sept Panneaux en bois sculpté, du Moyen Age et de la Renaissance, la plupart de style gothique.

108-112 — Dix-sept Statuettes ou Groupes de Saints et Saintes, en bois sculpté rehaussé de peintures.

113 — Buste en plâtre de *Marie-Antoinette.*

114-117 — Sept Statuettes ou Groupes en pierre sculptée, plâtre et terre cuite, rehaussés de peintures.

118 — Deux Statuettes d'anges, en bois sculpté, peint et doré.

119 — Un Cadre Louis XIV, en bois sculpté.

120 — Deux Cadres ovales, en bois sculpté, dont un est garni d'une peinture : Portrait d'Homme.

121-123 — Six Flambeaux d'Autel, en bois sculpté. Époque Louis XIV.

124 — Boîte à musique de Mayer MARIX.

ÉTOFFES ANCIENNES

125 — Deux Chapes en soie brochée, fond crème, à bandes et bouquets de fleurs. Époque Louis XVI.

126 — Deux belles Chapes en soie rayée, fond crème, à bouquets de fleurs, époque Louis XVI, garnies en ancien damas de soie rouge galonné.

127 — Chape en soie, fond crème, à branches de fleurs et feuillages, garnie en satin fond rouge, brodé de fleurs et galonné.

128 — Huit pièces d'Etoffes anciennes en satin, soie et damas, brochés et brodés.

129-131 — Huit Chasubles et une petite Dalmatique en damas, velours et soie, brodée et brochée.

132 — Cinq Manipules en velours et soie brochée.

133 — Six Voiles de calice en soie brodée et damas.

134-135 — Dix Étoles en damas, velours et soie brochée, brodée et ornées d'applications en broderie.

136 — Quatre Dessus de sièges en tapisserie.

137-138 — Huit Bandeaux en damas, velours, drap et soie brochés et brodés.

139 — Devant d'autel en toile brodée à fleurs.

140 — Trois Bonnets en toile brodée.

141-145 — Environ vingt-cinq Pièces : morceaux d'Étoffes anciennes en velours, lampas, damas et soie brochée.

146 — Tapis long de Perse, dessin polychrome.

TABLEAUX, DESSINS, GRAVURES

147 — Grande Boîte peinte, représentant *l'Adoration des Mages*, dans un cadre en bois sculpté, parties dorées.

148 — Glace trumeau surmontée d'une peinture ancienne, à sujet champêtre.

149-150 — Six Peintures décoratives, sujets galants et allégoriques (École ancienne).

151-152 — Dix Peintures de l'École ancienne : Portraits de Saint, de Gentilshommes et de Dames.

153 — Quatre Toiles décoratives : Sujets religieux et Marines.

154 — Pastel : *Portrait de Femme du temps de la Révolution.*

155 — Une Peinture à la gouache : *Paysage avec Personnages*, découpés en étoffe.

156 — Dessin à la plume rehaussé de couleur : *Portrait de jeune Homme.* Signé FOURQUEUR.

157 — Trois Gravures sous verres : *Bouquets de Fleurs.*

158 — Deux Gravures encadrées, sujets tirés de la *Vie de Henri IV.*

159 — Trois Gravures encadrées, sujets tirés de l'*Histoire de Napoléon I*er.

160 — Une Gravure encadrée : les *Plaisirs champêtres*, d'après LOUTHERBOURG.

161-162 — Quatorze Gravures-Photographies, collées sur toile, reproduction de Tableaux.

163 — Objets non catalogués.

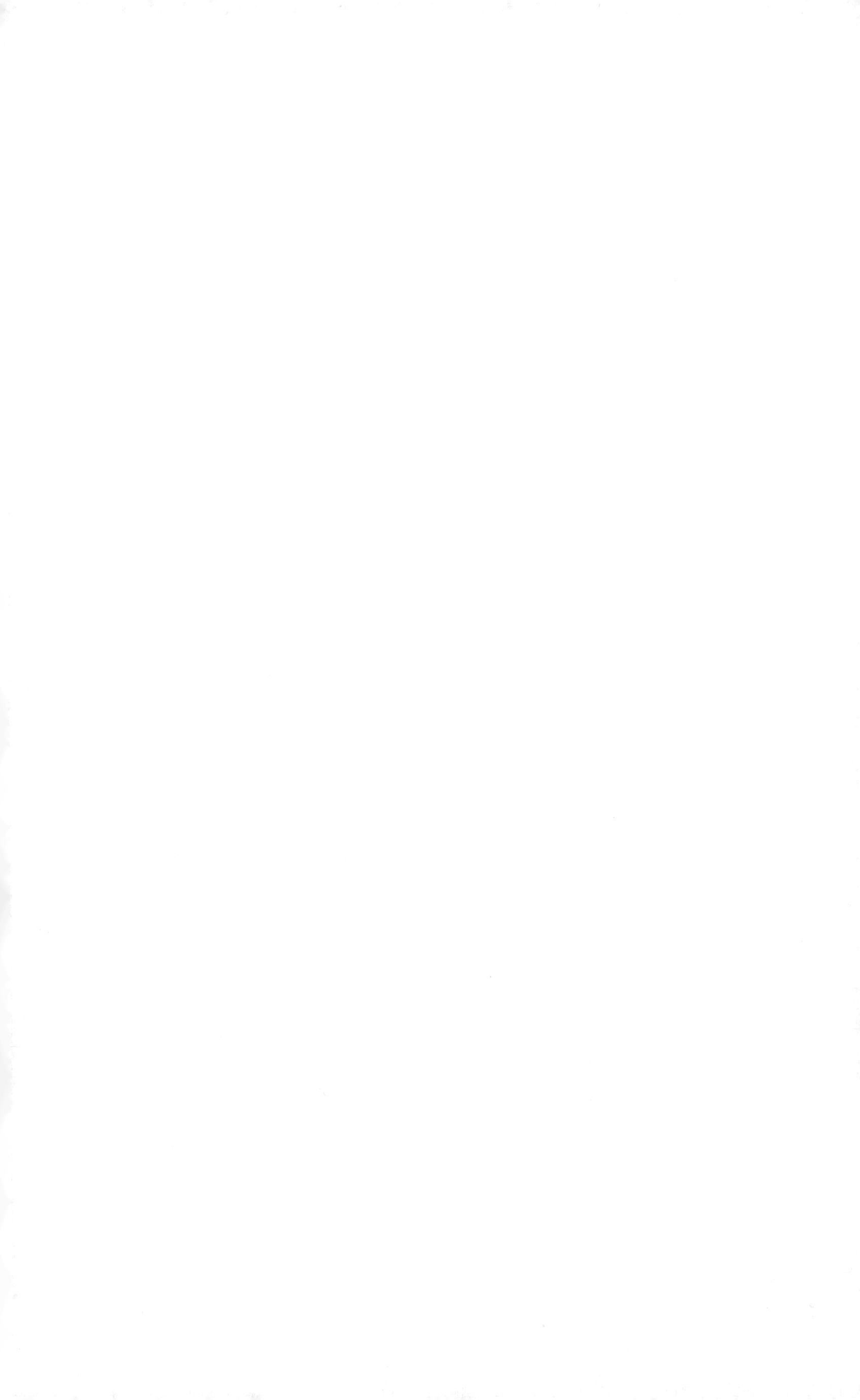